AF233337

PREMIER CRI

CONTRE

ALBION;

Par M. de BARRUEL-BEAUVERT.

Delenda est Carthago.

A PARIS,

Rue de Rochechouart, n°. 198, chez le portier.

Le 30 fructidor an xi;
ou
17 septembre 1803.

Je déclare que je poursuivrai juridiquement, et suivant toute la sévérité des lois relatives au maintien des propriétés, les Imprimeurs, les Libraires, les Colporteurs qui se permettraient de réimprimer cet Opuscule, et d'en vendre la contrefaçon.

JOSEPH DE BARRUEL-BEAUVERT.

PREMIER CRI

CONTRE

ALBION.

Delenda est Carthago.

QUELLE est donc cette ville altière et superbe, qui, non contente de mépriser les droits des nations, prétend encore envahir l'empire des mers, et dicter des lois aux quatre parties du monde?

Trop voisine de la France, pour n'en être pas rivale et jalouse, il n'est point de stratagêmes et de perfidies, que sa politique n'ait mis en usage pour la perdre. Il n'est point de moyens, violens ou corrupteurs, qu'elle n'ait employé pour arriver à son but : celui de s'emparer exclusivement de tous les genres de commerce ; de détruire, soit par des divisions intérieures, soit en lui suscitant des ennemis au dehors, la seule puissance maritime qui pouvait lutter avec elle ; enfin, de la mettre insolemment sous sa dépendance, et de l'avilir à jamais.

A 2

Cité, qui regarde comme ses tributaires tous les peuples; que de forfaits n'avons-nous pas à vous reprocher et à punir! notamment, depuis que la France aida les Etats-Unis à secouer votre joug odieux, et à s'en débarrasser pour toujours. N'est-ce pas vous, détestable Angleterre, Londres, perfide et cruelle, à qui notre territoire, toute l'Europe, une partie de l'Asie et de l'Amérique doivent les élémens d'une révolution inouie, par la durée de ses horreurs et de leurs excès? révolution, qui, pour me servir des propres termes de GUSTAVE-ADOLPHE (1), *était prête de faire le tour du monde*, et l'aurait vraisemblablement déjà ravagé, si le héros, que le ciel nous a donné, et que l'Univers admire, n'eut renversé la tyrannie directoriale, et ne se fut emparé des rênes de l'Etat.

Nierez-vous, illustres écumeurs des mers, que nous devons, en particulier, vous attribuer l'accaparement des blés, qui servit de prétexte aux *économistes*, et aux *philosophistes* (soi-disant *philantropes*), pour crier hautement famine, quoiqu'ils fussent bien instruits que la disette n'existait pas réellement?

---

(1) Roi de Suède, que les jacobins ont assassiné, par ordre du Gouvernement Anglais, trésorier de leurs chefs.

Nierez-vous que vous excitâtes l'être le plus immoral, le plus affreux, le compagnon de débauches d'un de vos princes, à briguer sourdement le trône occupé par le chef de son auguste maison, par le souverain le plus vertueux et des hommes, et du monde, et du temps, qu'on nommera le sien?

Nierez-vous, gouvernans dignes des Anglais, dignes petits-fils de vos *Nivellers*, qu'à l'aide des symboles chimériques de la Franc-Maçonnerie, le *compas*, *l'équerre* et *le niveau*, vous n'ayez fourni les premiers instrumens avec lesquels on éleva les *clubs*, les sociétés jacobines, et autres lieux de rassemblemens destructifs de toute morale, de toute religion, de tout empire et de toute constitution (1)?

Nierez-vous que c'est dans ces ateliers du crime, établis et maintenus par vous, que la lie et le rebut de toutes les conditions s'est choisie, pour repré-

----

(1) On ne saurait trop le répéter : toutes les sectes, toutes les réunions, qui n'ont pas ouvertement et franchement un but politique ou religieux, tendent toujours à détruire, sous prétexte même d'édifier. Cela prouve deux choses : l'une, que le vice ne peut se passer du masque de la vertu : l'autre, que les hommes ont sans cesse besoin d'être sous les yeux d'un commandant, et comme *enrégimentés*, n'importe sous quels étendards. Il est pareillement nécessaire que les troupeaux aient un berger, ce berger fut-il *loup*.

(6)

senter le peuple français, (qui n'eut et n'aura jamais besoin d'autre représentant que SON CHEF)! et que ce *long parlement*, dont vous nous avez flétri, a porté la ruine, la désolation et la mort, dans presque toutes nos familles?

C'est vous que les hommes justes, de tous les pays, accuseront éternellement du grand attentat qui s'est commis en France, le 21 janvier 1793; ne voulant pas que vos ancêtres soient chargés, seuls, de l'iniquité d'avoir, à la suite d'une espèce de procédure, dans laquelle les accusateurs furent, en même temps, juges et bourreaux, égorgé leur roi débonnaire.

C'est parmi vous, et chez vous seulement, qu'on rencontre une secte impie et barbare, qui, pour célébrer l'anniversaire de l'assassinat de votre souverain, vient s'enivrer dans les tavernes, et y dévorer des têtes de veau : ces ogres, ces Anglais, déplorant le malheur de ne pouvoir, dans leurs orgies, manger celles de tous les chefs de Gouvernemens.

Et quelle main hardie s'avisa de tremper un mouchoir dans le sang de LOUIS XVI, lorsqu'il était versé sur l'échafaud! Croirait-on que c'est un trait sentimental et religieux?.. Qu'on se désabuse : c'est celui d'une bête féroce ; c'est celui d'un Anglais... Il n'aurait pas eu la liberté de rester à Paris, dans cette circonstance, s'il n'eût été cruel et révolutionnaire (1).

N'êtes-vous pas les instigateurs de l'attentat de la rue Saint-Nicaise ? attentat qui devait nous remettre sous le poignard des jacobins, et replonger la France dans le sang et les larmes dont elle fut si long-temps inondée. — Heureusement l'étoile du PREMIER CONSUL le garantit, ainsi que nous, de *la machine-anglaise,* autrement dite *infernale.*

Vous vous plaindrez, peut-être, des insurrections que nos gouvernans révolutionnaires ont suscitées parmi vous !.. Mais remontons au principe : l'oserez-vous ?.. Quels étaient ces hommes barbares ? ne furent-ils pas façonnés et soldés par vous ? et lorsque vous les avez formés et soutenus (jusqu'au moment où le génie et le courage de notre chef actuel les a dispersés et mis en fuite), avez-vous pu croire qu'ils épargneraient la main qui les créa, sans avoir la force de les contenir ? *Saturne* aurait dévoré son père, comme il mangeait ses propres enfans.

---

(1) Cette anecdote très-véritable, me fut racontée, avec des détails qui font frémir, en présence de M. de *La Trémouille,* par un colonel anglais, qui se faisait nommer M. *Delille,* à la tour du Temple, où il était prisonnier d'État, pendant ma longue captivité.

Direz-vous que vous êtes hospitaliers et généreux, parce que vous avez reçu les émigrés proscrits, exilés de leur pays, et que vous leur avez donné quelques secours ?... Vos vertus ne sont que celles de l'ostentation. Vous pariez les victimes que vous vouliez immoler ! Témoin l'affaire de *Quiberon*, où vous emmenâtes tous les officiers les plus distingués de notre ancienne marine, qui s'étaient réfugiés parmi vous, et vous les fîtes fusiller, en vous retirant ; vous les fusillâtes vous-mêmes : vous coupâtes les poignets de ceux qui, s'étant jetés à la nage, venaient aborder, comme un dernier refuge, vos canots déserteurs... Est-ce ainsi qu'on est hospitalier et généreux ?

Et quels sont d'ailleurs les secours que vous accordiez, avec tant de jactance, à l'infortune inaccoutumée ?

Loin de trouver, auprès de vous, une protection salutaire et consolatrice, vous empoisonniez vos bienfaits !.. Ces bienfaits ne furent, et ne sont ;.. faut-il le dire ?.. *qu'une aumône.*

Vos lords et vos miladys, que nous avons tant choyés, tant fêtés, dans nos cercles, à Paris, lorsque nous ne manquions pas de luxe et de splendeur, daignent-ils accueillir et rechercher, les personnes mêmes qui les ont le plus comblés de politesse ?.. Un dîner d'apparat et de cérémonial, durant lequel on affecte de ne parler qu'Anglais, et puis, leur porte défendue;.. voilà ce qu'on obtient de leur reconnaissance.

A la vérité, lorsqu'il s'agit de faire une bonne action, qui doit être imprimée, colportée, et connue de tout le monde, les souscripteurs ne manquent point!.. mais ce n'est que pour faire parade d'une fausse générosité : car, les sentimens loyaux et généreux désirent rester inconnus, même des personnes pour lesquelles ils s'exercent le plus.

Vous avez formé diverses coalitions pour étouffer, *suivant vous*, le monstre révolutionnaire, qui était votre propre ouvrage ; qui grandissait d'une manière effrayante ; et qu'il était dans la seule destinée du PREMIER CONSUL, de renverser et d'anéantir : mais, avez-vous rempli les engagemens de vos contrats avec les autres puissances?.. Vous les avez abandonnées en Allemagne, en Italie, en Espagne, en Suisse, en Hollande, et semé la désunion parmi elles.

C'est au moyen de vos complices, *Lafayette*, *Dumouriez*, *Pétion*, et de la terreur causée à la famille régnante en France, que vous détournâtes le roi de Prusse de marcher sur Paris, où il arrivait sans obstacle, des plaines de la Champagne, qu'il couvrait; et sa retraite produisit, vous le savez fort bien!.. les horreurs de septembre.

C'est vous qui, par des motifs d'une politique toujours séparée de la morale et de l'honneur, engageâtes les différens empereurs d'Allemagne, qui se sont rapidement succédés, à déserter la cause de leurs plus proches parens, et à nous livrer aux fureurs des anarchistes, que vous excitiez parmi nous.

C'est vous, qui dégoûtâtes l'avant-dernier roi de Sardaigne, beau-frère de Louis XVI, de toute autre alliance que celle de nos méprisables *Quinquem-virs*, qui l'ont bien maltraité! Et les soulèvemens que vous fîtes faire parmi les Espagnols, ont empêché leur roi d'être vrai royaliste.

C'est vous, qui avez fait insurger les nègres, dans nos colonies; qui les avez armés du fer et du feu; qui les avez poussés à ravager, à incendier, à détruire entièrement nos propriétés; et à nous y ruiner, sans espoir d'y rétablir jamais nos fortunes.

C'est vous qui entretenez encore la rebellion de *Passawan-Oglou*, dans les États du Grand-Seigneur.

C'est vous, qui, par des manœuvres abominables, forçâtes l'empereur de Russie (PAUL Ier., qu'on vous accuse d'avoir fait assassiner)! à se retirer dans ses vastes États, après avoir reconquis l'Italie, et tout prêt à remettre l'ordre dans notre pays, qui en était affamé, et qui ne l'obtint, enfin, que du PREMIER CONSUL.

Vous avez beau redire, et faire répéter par toutes

les trompettes de la Renommée : *que vous prétendiez placer* L o u i s X V I I I *sur le trône de ses ancêtres!* Quels moyens inconnus avez-vous donc employés pour cela? Qu'avez-vous fait, pour prouver la sincérité de *vos intentions ?*

Vous vous êtes emparés du port de Toulon! et c'est *au nom de sa majesté Britannique :* vous en avez emmené tous les vaisseaux qui pouvaient vous être utiles; vous avez brûlé ceux qui ne vous parurent bons à rien, ou que vous n'eûtes pas le temps de faire mettre à la voile. Vous avez abandonné lâchement tous les royalistes qui, renfermés dans la ville, ou abordant avec vous, avaient servi vos prétendus desseins; et vous les avez fait mitrailler, sans distinction d'âge, ni de sexe, ni de rang.

Vous vouliez porter L o u i s XVIII *sur le trône de ses ancêtres!..* Mais, dans un temps d'orage et de trouble, où les passions de tous les partis s'agitaient en France, et où il était mille fois plus aisé de renverser la tyrannie, que pendant le calme apparent où B o n a p a r t e l'entreprit et l'exécuta, vous avez empêché un prince français d'aborder dans les départemens insurgés en faveur de la royauté; dans cette Vendée, que vous aviez si précipitamment formée; soudoyée, tant bien que mal; et entretenue, à peu près, de munitions de toute espèce. C'était donc pour nous faire entre-dévorer par la guerre civile !

Et quels sont les hommes, en général, que vous nous aviez envoyé, soit en qualité de commissaires, soit comme combattans, pour cette grande tentative?.. J'en conviens, à regret pour eux, et avec une sorte de honte pour vous, il ne s'y trouvait presque pas un être qui méritât, par ses conceptions et sa conduite soutenue, une place un peu distinguée. Mais, au lieu de gens qui auraient eu quelques idées de suite ! beaucoup d'*étourneaux*.

Est-ce avec de tels personnages, avouez-le, que vous auriez prétendu faire une contre-révolution parmi vous, dans le cas où la révolution vous eut atteints?.. comme elle finira par vous atteindre ! ne serait-ce que pour accomplir la prédiction du célèbre *Edmond Burke*, le meilleur conseiller que vous ayez eu ; mais qui prêchait *dans le désert*, parce qu'il demandait que vos ministres fussent honnêtes gens en politique, et que vous ne voulez pas l'être en aucune façon.

Pensez-vous que nous soyions encore assez dupe de vos jongleries, pour être convaincus que vous avez eu le plus faible désir de tenter ce qui vous serait impossible, (quand même vous mettriez de la bonne foi dans vos démarches)! de rétablir un BOURBON à la tête du Gouvernement?.. il n'est plus vacant ;.. il est occupé par un chef, et ce chef est BONAPARTE... Vous *permettriez* à tous les princes de la maison qui régnait, depuis près de mille ans, dans notre patrie, de se hasarder sur les côtes de France ; vous leur fourniriez même tous les secours d'hommes, de vivres et d'argent dont ils auraient besoin ; vous les feriez soutenir par une troisième, une quatrième, une cinquième coalition de toutes les autres puissances ;... j'assurerais, et tous les hommes de bons sens sont justement persuadés, que vous seuls, de cette union des peuples divers, et de cette guerre si formidable, retireriez quelques profits.

Ah ! l'on vous verrait bientôt immoler, pour le moindre avantage, les princes que vous auriez laissé mettre en avant, et ceux même que vous conduiriez avec eux : au risque de faire encore, et sans cesse, crier à l'anathême contre vous : au risque de vous attirer la malédiction des hommes et de Dieu, qui savent également (et c'est l'unique chose où il y ait parité entre Dieu et les hommes)! que votre gouvernement, souillé de tous les crimes, est toujours plein de fourberie et d'iniquités : qu'il n'a jamais discontinué de tromper ennemis et alliés ; et qu'il est encore plus dangereux, peut-être, de devenir ses amis, que d'être en guerre avec lui : car les traités de paix, qui ont été proposés et signés par vous, renferment, tous, les germes sanglans des discordes ; ils contiennent, tous, les principes des fléaux destructeurs ; et votre foi punique mérite que les différentes nations que vous appellez à votre aide, se lèvent, pour vous traiter comme une autre Carthage; pour vous anéantir de fond en comble; sans qu'il reste d'autres vestiges de l'existence antique d'*Albion*, que des débris épars, mutilés, couverts de mousse, et battus par les flots.